Fabíola Ventavoli

A informática como ferramenta e proposta educativa aos indivíduos portadores de
Deficiência Visual

ISBN: 978-85-913223-0-5

2ª Edição

Sumário

Apresentação..3

Capitulo I 7

    Inclusão Digital..7

    O uso do computador na Educação...............................12

    Projetos de aprendizagem como prática educativa 21

    Formação e o papel do Professor.................................23

Capitulo II..31

    Caracterização..31

    O Deficiente Visual e o acesso à Escola.....................36

    Softwares de acessibilidade aos Deficientes Visuais...................38

Conclusão..59

Referência 61

A informática como ferramenta e proposta educativa aos indivíduos portadores de Deficiência Visual.

Fabíola Magda Andrade Ventavoli[1]

Apresentação

A tecnologia aliada a educação, oferece grandes benefícios a aprendizagem de alunos portadores de deficiência visual, é um meio alternativo e eficaz de resgatar a aprendizagem, a motivação, a auto-estima, acompanhadas pelos métodos tradicionais e o acompanhamento multiprofissional.

A informática no contexto escolar surge como ferramenta auxiliar do trabalho do professor, um instrumento facilitador e potencializador da construção do conhecimento e da aprendizagem, da promoção da multiplicidade das inteligências, da diversidade de talentos, principalmente para indivíduos que de certa forma são portadores de alguma deficiência, seja no campo visual, auditivo, de entendimento da leitura, escrita entre outros.

O uso dos recursos e ferramentas computacionais favorece e apóia o desenvolvimento do ensino e aprendizagem, focando uma qualidade de vida melhor, autonomia e progresso na construção do conhecimento.

Utilizar os recursos tecnológicos não significa apenas apoiar-se nas técnicas e sim na condição para garantir a aprendizagem dos conteúdos escolares.

---

[1]fabiventavoli@hotmail.com
www.cursoscomcertificados.com.br

Introdução

A informática no contexto escolar surge como ferramenta auxiliar do trabalho do professor, um instrumento facilitador e potencializador da construção do conhecimento e da aprendizagem, da promoção da multiplicidade das inteligências, da diversidade de talentos, principalmente para indivíduos que de certa forma são portadores de alguma deficiência, seja no campo visual, auditivo, de entendimento da leitura, escrita entre outros.

Através da utilização da informática podemos chegar a excelentes resultados, onde, além de um melhor atendimento às dificuldades do aluno, é possível verificar o desenvolvimento do potencial cognitivo e emocional como um todo, dando melhores condições de aprendizagem, qualidade de vida e do desenvolvimento como pessoa.

Por isso, na medida do possível, é importante que os alunos possam fazer uso dos computadores como alternativa a realização de determinadas tarefas.

A escola, por sua vez deve possibilitar e incentivar professores e alunos a utilização dos recursos tecnológicos, garantindo um contexto significativo de aprendizagem.

Os benefícios vão além da informatização dos métodos tradicionais de instrução, o computador pode enriquecer ambientes de aprendizagem dos quais o aluno interagindo com os objetos deste ambiente, tem chance de construir seu próprio conhecimento.

O uso do computador não implica em aprender sobre ele, e sim como aprender por meio dele, é um recurso didático que se relaciona com a capacidade de manipular e trocar informações em formato multimídia (áudio, vídeo, imagem e animação), facilitando a aprendizagem de conceitos complexos e a comunicação em rede, onde o aluno poderá aproveitar habilidades adquiridas em outros contextos sociais, cada vez mais ocupados por diferentes recursos e estímulos tecnológicos, aumentar a autoestima, proporcionando-lhes melhor desempenho escolar e, como conseqüência, melhoria da perspectiva profissional.

Capitulo I

Inclusão Digital

O uso da tecnologia a favor do ensino-aprendizagem

Os computadores surgiram e foram desenvolvidos como propostas ao uso científico, abrangendo um campo restrito, sendo este de acesso a uma pequena minoria.

Este período compreendeu até o final da década de 60, sendo conhecido e difundido como informatização das áreas militar e cientifica.

Na década seguinte foram introduzidos novos conceitos e a busca do aperfeiçoamento e eficiência nas áreas administrativas e de gerenciamento de empresas privadas e de setores públicos, surgindo a segunda geração de computadores que tinham uma capacidade de processamento muito reduzida e com dimensões gigantescas.

Os computadores de terceira geração marcam o inicio da utilização pessoal, onde possuíam maior capacidade de processamento e diminuição considerável de tamanho. Após este período que se estabeleceu entre a década de 70 surgiram os computadores de quarta geração, onde já era possível a utilização de softwares aplicativos como processadores de texto, planilhas eletrônicas, gerenciadores de banco de dados, gráficos entre outros.

Atualmente é visto um grande avanço na tecnologia - supercomputadores, processamento cada vez mais veloz e uma grande capacidade de armazenamento de informações, além, é claro dos recursos computacionais estarem cada vez mais modernos e eficazes, os custos mais acessíveis também colaboraram para estar presente em quase todos os setores: educação, saúde, indústria, prestação de serviço entre outros, pelo fato de proporcionarem confiabilidade, capacidade de armazenamento de informação e agilidade na execução de tarefas.

Em muitas aplicações, o computador possibilita maior produtividade, eficiência enquanto meio de comunicação, praticidade na vida pessoal e profissional.

Portanto, a tecnologia está cada vez mais presente na vida do homem como forma de solucionar diversos problemas de maneira rápida e cômoda, atendendo às necessidades específicas de seus usuários e o seu uso está ligado ao cotidiano, desde um simples pagamento de contas, compras, realização de pesquisas, conversas *on-line – um meio interativo*, entre outros.

Mesmo sendo utilizada por um grande público, ainda não atinge toda a população, pois grande parte sofre com a injustiça social, o que gera problemas, como a baixa qualidade de vida, desemprego, marginalidade, a falta de acesso à educação, à saúde, à moradia e a exclusão digital.

Na educação o computador pode trazer muitos benefícios, podem aumentar o potencial criativo e garantir mais autonomia a professores e alunos. A escola não pode deixar de proporcionar a seus alunos o acesso a tecnologia – a inclusão digital e posteriormente a inclusão social.

É papel da escola inserir o aluno no ambiente digital, fazer pensar e ser capaz de adaptar as mudanças exigidas pela sociedade, por isso, faz-se necessário um espaço relevante no cenário educacional.

O Parâmetro Curricular Nacional denomina que a "revolução informática promove mudanças radicais na área do conhecimento, que passa a ocupar um lugar central nos processos de desenvolvimento. É possível afirmar que, nas próximas décadas, a educação vá se transformar mais rapidamente do que em muitas outras, em função de uma nova compreensão teórica sobre o papel da escola, estimulada pela incorporação das novas tecnologias".

Os benefícios vão além da informatização dos métodos tradicionais de instrução que, do ponto de vista pedagógico, seria um paradigma instrucionista, além disso, o computador pode enriquecer ambientes de aprendizagem dos quais o aluno interagindo com os objetos deste ambiente, tem chance de construir seu próprio conhecimento.

O uso do computador não implica em aprender sobre ele, e sim como aprender por meio dele, é um recurso didático que se relaciona com a capacidade de manipular e trocar informações em formato multimídia (áudio, vídeo, imagem e animação), facilitando a aprendizagem de conceitos complexos e a comunicação em rede, onde o aluno poderá aproveitar habilidades adquiridas em outros contextos sociais, cada vez mais ocupados por diferentes recursos e estímulos tecnológicos, aumentar a auto-estima, proporcionando-lhes melhor desempenho escolar e, como conseqüência, melhoria da perspectiva profissional.

O computador é um instrumento de mediação, desde que possibilite estabelecer novas relações para a construção do conhecimento e novas formas de atividade mental.

É importante que todos os projetos envolvidos nesta área, façam parte do projeto político pedagógico da escola. A informática não deve ser vista apenas como mais uma área de estudo, mas sim como uma tecnologia que ofereça transformação pessoal, que favoreça a formação tecnológica necessária para o futuro profissional.

O uso do computador na Educação

A informática é a "ciência que visa ao tratamento da informação através do uso de equipamentos e procedimentos da área de processamento de dados" - FERREIRA, (1986).

Possibilita o desenvolvimento do sujeito, unindo corpo – mente – emoção, ferramenta capaz de incentivar a autonomia, estimular a percepção do sujeito, contribuindo para a construção coletiva e individual do conhecimento, pois envolve memória visual, auditiva, a coordenação motora, orientação espacial e o controle dos movimentos.

O computador é, ao mesmo tempo, uma ferramenta e um instrumento de mediação, sendo este instrumento de mediação na medida em que possibilita o estabelecimento de novas relações para a construção do conhecimento e novas formas de atividade mental.

Através do computador o sujeito interage e produz conhecimento, conhece pessoas em lugares diferentes e distantes e pode se comunicar com os recursos da telecomunicação produzindo ou recebendo informações.

A incorporação de computadores no ensino não deve ser apenas a informatização dos processos já existentes, e sim permitir criar ambientes de aprendizagem que fazem surgir novas formas de pensar e aprender, favorecendo a interação com uma grande quantidade de informações, que se apresentam de maneira atrativa, por suas diferentes notações simbólicas (gráficas, lingüísticas, sonoras, entre outros).

As informações, por sua vez podem ser apresentadas em textos, mapas, imagens, gráficos, tabelas, símbolos, diagramação e efeitos sonoros diversos; utilizada como fonte de conhecimento, onde existem atualmente diversos softwares que oferecem informações sobre assuntos variados em todas as áreas.

Uma maneira eficiente de utilização e acesso às informações se faz por meio da internet – que pode ser definida como uma grande rede de computadores interligados entre si, onde traz uma grande biblioteca de assuntos variados, um repositório universal do conhecimento; possibilita a problematização de situações por meio da criação de soluções, estabelecimento de relações, hipóteses, entre outras funções; favorece a aprendizagem cooperativa, pois permite a interação e a colaboração entre alunos (da classe, de outras escolas ou com outras pessoas), em virtude da possibilidade de compartilhar dados pesquisados, conceitos, explicações formuladas, textos produzidos; formulação de idéias, comparação de resultados e reflexão sobre as tomadas de decisão, desenvolve também os processos metacognitivos, na medida em que o instrumento permite pensar sobre os conteúdos apresentados e as suas formas de representação, levando o aluno a "pensar sobre o pensar"; motiva o aluno através dos procedimentos de pesquisa – consultas, seleção, comparação, registro e organização das informações, oferecendo recursos rápidos e eficientes para realizar cálculos complexos, armazenar, transcrever e interpretar informações, elaborar e tirar conclusões.

O computador é um meio eficaz de reprodução das características mais relevantes de uma situação, onde é possível que o aluno faça inúmeras tentativas, manipulando situações que imitam ou se aproximam de um sistema real ou imaginário. Não substituem o trabalho do professor, mas é um complemento importante para a visualização de fenômenos do mundo e que envolvem grandes dimensões, favorecendo a leitura e escrita, as revisões e correções, a facilidade para modificar textos, gráficos, desenhos, ou seqüência de apresentação das informações.

Para propor boas situações de aprendizagem utilizando as ferramentas do computador, é importante considerar alguns aspectos:

- Propostas de trabalho devem seguir um levantamento prévio de conhecimento, tanto pelo professor, quanto pelo aluno;

- Deve haver um tempo para exploração dos recursos computacionais, do software, sites, antes de iniciar o trabalho propriamente dito;

- Oferecer roteiros de trabalho;
- Promover a troca de experiências e idéias;
- Estabelecer um contrato didático – dividir as tarefas.
- Socializar o trabalho;
- Conduzir o processo de aprendizagem pelo próprio aluno, as decisões são tomadas em função das respostas e ações do computador;
- O professor deve orientar e articular os diferentes processos de elaboração e construção, dando sugestões, resolvendo dúvidas, propondo novos problemas e softwares, utilizados na problematização dos conteúdos curriculares;

Através do computador, pode se trabalhar a capacidade representativa, a resolução de problemas, os acertos e erros, potencializar a criatividade e imaginação, o desenvolvimento emocional gerado pela autonomia e independência, além disso, o controle da ansiedade e principalmente proporcionar mudanças no ato de ensinar e aprender.

A mudança tecnológica é mais rápida do que a mudança institucional ou social. Atualmente ocorre uma evolução significativa nos projetos de hardware, software e telecomunicações para aplicação no contexto de ensino e aprendizagem.

Segundo Valente (1993), para implantação do computador na educação são necessários quatro componentes básicos:
- Computador (hardware);
- Programas educacionais (software);
- Professor preparado (peopleware) e aluno (peopleware).

Utiliza-se na educação com enfoques diferentes, tais como:
- Ensino de computação (ensinar sobre computação);
- Ensino por meio do computador.

Jonassen (1996) classifica a aprendizagem mediada pelo computador em quatro aspectos diferentes:

- Aprender a partir da tecnologia: de maneira que esta apresente o conhecimento - é papel do aluno receber esse conhecimento, como se ele fosse apresentado pelo próprio professor;

- Aprender a cerca da tecnologia: a própria tecnologia é objeto da aprendizagem;

- Aprender por meio da tecnologia: o aluno aprende, "ensinando" o computador;

- Aprender com a tecnologia: o aluno aprende usando as tecnologias como ferramentas que apóiam no processo de reflexão e de construção do conhecimento (ferramentas cognitivas). A questão determinante aqui não é a tecnologia em si, mas a forma de encarar essa tecnologia com estratégia cognitiva de aprendizagem.

Passerino (2002), também classifica e subdivide o uso da tecnologia na educação em:

- Tecnologia como fim: a tecnologia torna-se o centro da aprendizagem, ou seja, o seu uso em si;

- Tecnologia como meio: o conhecimento é visto como algo a ser transmitido e o sujeito é ativo do processo de aprendizagem, portanto, a tecnologia tem papel secundário;

Além disso, a informática pode ser classificada de acordo com três abordagens:

Ambientes de ensino aprendizagem: há o favorecimento da capacidade cognitiva pelo método dedutivo, pela simulação e demonstrações de situações reais – aprendizagem por descoberta, pelos exercícios e prática, proporcionamento de ambientes lúdicos e ferramentas de autoria e pela resolução de problemas através da abstração;

Programa de uso geral: são utilizados aplicativos como editores de textos, planilhas eletrônicas, softwares para banco de dados, programas de desenho entre outros, em geral de uso comercial e administrativo, mais utilizada como ferramentas de apoio aos professores e alunos;

Ambientes telemáticos: há a estrutura de redes locais, com acesso a internet, favorecendo o desenvolvimento da comunicação, colaboração, cooperação e a descoberta através da exploração e interação com o indivíduo.

Vaquero apud Trainotti e Lima (2002, p. 59) afirma que "a revolução educativa não está baseada na capacidade que as novas tecnologias possuem de processar os conhecimentos, mas na mudança que a sua utilização pode provocar na mente do sujeito que aprende."

No ensino por meio do computador a aprendizagem do aluno oscila entre dois pólos: primeiro pólo - o computador ensinando o aluno e segundo pólo - o aluno ensinando o computador.

Estes pólos são caracterizados pelo hardware (computador), o software (programas que permitem a interação homem/máquina) e o aluno.

De um lado temos o computador que ensina o aluno por meio do software, e de outro, o aluno, por meio do software, ensina o computador (Valente, 1993, p. 2).

Ainda no 1º pólo, o computador assume o papel de máquina de ensinar, a abordagem educacional é a instrução auxiliada por computador, que utiliza o método tradicional, o invés do material didático - livro usa-se o computador. Os softwares desta abordagem são divididos em várias categorias: tutoriais, exercício e prática, jogos educacionais e simulação.

A aprendizagem é totalmente estruturada pelo programa, ou seja, por meio do computador, e o aluno é o sujeito passivo – intervém apenas quando solicitado.

No 2º pólo, o aluno ensina o computador, por meio da representação de suas idéias, neste caso o computador pode ser visto como uma ferramenta que permite ao aluno resolver problemas.

Os softwares educativos podem ser classificados de acordo com a manipulação do conhecimento: geração do conhecimento, disseminação do conhecimento e gerenciamento da informação (Knezek ET AL. 1998 apud Valente, 1993, p. 3).

Damy descreve que, "atualmente existem vários tipos de softwares, e outros que constantemente estão surgindo, novos ou novas versões dos já existentes, que oferecem recursos mais sofisticados e outras possibilidades de trabalho e de comunicação. A qualidade de interação com as informações varia em função do tipo de programa. Utilizar um só tipo pode ser entediante e pouco desafiador. Além disso, cada software pode ter distintas utilizações no processo de ensino e aprendizagem. É importante refletir sobre as possibilidades de cada software, em relação aos diferentes momentos de aprendizagem, pois quanto mais conhecimento o aluno tiver sobre o programa e sobre o conteúdo de aprendizagem, mais ele poderá explorar os recursos do software. A utilização de um software não é por si só, condição suficiente para garantir a aprendizagem dos conteúdos escolares, o professor exerce um papel importante, instigando a curiosidade e o desejo de aprender, solicitando relações, comentando, dando informações, criando novos problemas".

Projetos de aprendizagem como prática educativa

No Brasil, tem sido objeto de análise o tema informática em educação e a preparação de professores, considerando o computador como uma ferramenta a serviço de projetos pedagógicos.

As aprendizagens por projetos favorecem um ambiente cooperativo, pois as decisões são coletivas, há o compromisso com objetivos, etapas e avaliação, além de criar um espaço significativo para a aprendizagem.

Pressupõe uma perspectiva de globalização e não a fragmentação dos conteúdos, pois o foco é centrado na resolução de problemas, na participação, na formação do sujeito, na responsabilidade mútua, em situações reais do cotidiano e no conhecimento obtido através da experiência.

Para que tenha eficácia e favoreça o ensino e aprendizagem, as propostas didáticas que se utilizam das tecnologias da informação devem ser complementadas e integradas com outras propostas de ensino, portanto, para garantir aprendizagem significativa, o professor precisa considerar as experiências prévias dos alunos: em relação aos recursos tecnológicos; na organizar das situações em função do nível de competência e na habilidade do aluno.

As aulas devem ser planejadas levando em consideração os conteúdos e objetivos de aprendizagem, as potencialidades do recurso tecnológico, a problematização e os procedimentos que serão necessários conhecer do computador para a sua correta manipulação.

Utilizar os recursos tecnológicos não significa apenas apoiar-se nas técnicas e sim na condição para garantir a aprendizagem dos conteúdos escolares, o aluno deve aprimorar suas habilidades, criar soluções pessoais.

Formação e o Papel do Professor

A evolução e utilização de novas tecnologias da informação provocam grandes mudanças e transformações na sociedade, setores como economia, cultura e educação demarcando uma nova era na história da humanidade. Esta revolução gera a necessidade de repensar o currículo escolar, a função da escola e principalmente o papel do professor e do aluno.

As mudanças no âmbito educacional, só são possíveis quando há um planejamento da instituição de ensino e projetos pedagógicos eficientes, a fim de tornar o computador uma ferramenta a serviço da aprendizagem dos conteúdos curriculares e não um fim em si mesmo.

Cada vez mais há infraestrutura nas escolas, mas seu uso ainda é mais burocrático do que pedagógico, falta formação para gestores e professores, os laboratórios de informática são utilizados em sua minoria e, portanto, estamos longe de explorar as novas tecnologias como ferramentas a serviço do ensino e da aprendizagem de conteúdos escolares.

O professor tem um papel fundamental neste processo, é o mediador que possibilita mudança qualitativa nos processos de aprendizagem.

A visão do campo educativo é a do aprendizado cooperativo e colaborativo, ou seja, tantos professores como alunos aprendem de forma conjunta, atualizando os saberes disciplinares, colaborando com a inteligência coletiva.

A revolução tecnológica atinge a sociedade e conseqüentemente, a educação, onde deve estar relacionada com a formação do professor.

A formação continua do professor torna-se elemento fundamental e é necessário que aprenda a lidar com recursos de mídias e multimídias, pois segundo John Herriott, "há uma possibilidade bastante acentuada de que antes do final deste século os estudantes venham a receber toda a sua instrução através de computadores, sem absolutamente, nenhum contato com professores vivos. Isto pode ser feito, e muito bem feito."

Para Libâneo, (2000, p. 29), o professor deve ter uma postura de:

- Assumir o ensino como mediação: mudança de ensino verbalista – são deixados para trás a transmissão e o acumulamento de informações verbalistas, dando lugar a aprendizagem interativa e ativa. O aluno é o foco central, e o professor é apenas um mediador deste processo;

- Não ver a instituição escolar como pluralista e sim como interdisciplinar;

- Deve conhecer estratégias de ensinar a pensar, ensinar a aprender a aprender – conhecimentos e habilidade são adquiridos por meios da auto-construção.
- Deve permitir que os alunos busquem uma perspectiva crítica dos conteúdos abordados, habituando a compreender e apreender as realidades enfocados nos conteúdos curriculares de forma reflexiva;
- O trabalho em sala de aula deve ser entendido como um processo a desenvolver capacidades comunicativas, ou seja, o domínio da linguagem informal;
- Entender que o livro didático não é a única fonte de conhecimento, pois a tecnologia da informação esta cada vez mais presente na educação;
- Atender as diversidades culturais, respeitando a heterogeneidade;
- Promover a igualdade de condições e oportunidades;
- Investir na atualização como processo de formação permanente, visto que é requisito principal para a utilização de novas tecnologias;
- É dever do professor se situar no contexto cultural, social e físico do aluno;

- Desenvolver comportamentos éticos, sabendo valorizar valores e atitudes em relação ao ambiente, a vida, às relações humanas.

Mercado (1999, p. 100), considera que durante o processo de formação do professor e ao final do mesmo, precisa incorporar em sua metodologia:

- Valorização da prática pedagógica docente como fonte de reflexões, de pesquisa e de conhecimento;

- Desenvolvimento dos conhecimentos, utilizando e valorizando os recursos tecnológicos nas atividades educacionais;

- Formação continuada, como promoção da troca de experiências, aquisição de novas habilidades teóricas e práticas, desenvolvimento do trabalho em grupo;

- Desenvolvimento do pensamento autônomo e critico;

- Apropriação de novas ferramentas tecnológicas, permitindo a interação interdisciplinar e atitudes pedagógicas inovadoras;

- Alfabetizar-se tecnologicamente – conceito que envolve o uso crescente e continuo das tecnologias da informação e comunicação.

Segundo Becker (2001, p.94), o processo de aprendizagem ativo precisa contar com a capacidade do professor. Capacidade em três dimensões relacionadas entre si:

- Capacidade no que tange ao conteúdo específico (física, matemática, história, biologia, sociologia, ética, etc.);
- Capacidade em criar relações transdisciplinares (multi, pluri ou, ainda, interdisciplinares);
- Capacidade em inventar, em permanente negociação com o grupo de alunos, ações apropriadas para que o aluno construa seu processo de aprendizagem.

Para Valente (2001, p.27), "a formação do professor deve prover condições para que ele construa conhecimento sobre técnicas computacionais, entenda por que o como integrar o computador na sua prática pedagógica e seja capaz de superar barreiras de ordem administrativa e pedagógica. Essa prática possibilita a transição de um sistema fragmentado de ensino para uma abordagem integradora de conteúdo e voltada para a resolução de problemas específicos do interesse do aluno [...] deve-se criar condições para que o professor saiba recontextualizar o aprendizado e a experiência vividos durante a sua formação para sua realidade de sala de aula, compatibilizando as necessidades de seus alunos e os objetivos pedagógicos que se dispõe a atingir".

O professor deve estar aberto a aprender a aprender; atuar a partir de temas emergentes no contexto e de interesse dos alunos; promover o desenvolvimento de projetos cooperativos; assumir atitude de investigador do conhecimento e da aprendizagem do aluno; propiciar a reflexão, a depuração e o pensar sobre o pensar; Dominar recursos computacionais; identificar as potencialidades de aplicação desses recursos na prática pedagógica; desenvolver um processo de reflexão na prática e sobre a prática, reelaborando continuamente teorias que orientem sua atitude de mediação.

Um dos maiores problemas é a não capacitação do professor, onde por falta de informação, sente-se apreensivo em utilizar os recursos computacionais a favor do ensino e aprendizagem do aluno, trabalhando somente com métodos tradicionais de ensino, evitando ou protelando ao máximo o envolvimento com novas tecnologias, os recursos computacionais devem ser empregados de forma consciente, pois dependendo do seu uso pode ou não beneficiar a educação, ou mesmo trazer problemas.

Na formação do professor são indispensáveis reflexões e a construção de uma nova pedagogia, onde a construção do conhecimento é uma tarefa partilhada entre professores e alunos e não individual.

O professor deve ampliar sua visão social, o seu papel e ter uma formação continuada, esta é uma via para a construção e reconstrução de conhecimentos.

O computador é visto neste cenário sempre como um instrumento aliado a aprendizagem e a serviço da educação.

Sua aplicação no campo educacional dependerá sempre da formação teórico-prática do profissional que a utiliza, é sem dúvida um poderoso aliado do professor, que pode usá-lo para que o aluno aproveite as possibilidades para descobrir suas próprias potencialidades na exploração dos conteúdos escolares, o bom aproveitamento da máquina se reflete na melhoria da aprendizagem.

[...] "O computador, por lidar com realidades virtuais, jamais poderá ser utilizado de forma a ameaçar o contato com a própria realidade, a alienar o aluno; mas, ao contrário, deverá ser usado sempre para fortalecê-lo, por meio da tomada de consciência de si mesmo como alguém capaz e lidar com representações simbólicas, mantendo os pés bem firmes no chão". (OLIVEIRA, 1996, P.11).

Os cursos de capacitação devem ser revistos e repensados a oferecer atividades ligadas diretamente aos conteúdos aliados às ferramentas computacionais e as escolas por outro lado precisam incorporar a seus projetos pedagógicos.

O professor neste contexto é o mediador, e cabe a ele aplicar em suas disciplinas o uso da tecnologia e mudar o foco para uma "educação com tecnologia", o professor é o agente estimulante do avanço dos conteúdos.

Capitulo II

Os recursos computacionais como proposta educativa aos indivíduos portadores de deficiência visual

Pessoas com deficiências sejam elas quais forem, podem sofrer com preconceito cruel e intenso, devido suas limitações e incapacidades em relação a indivíduos sem deficiências.

Assim seja, por mais simples, não podemos nos isolar, somente por ser distintas a nós, o importante é ajudá-las a superar e integrar da melhor forma possível na sociedade.

Caracterização

Deficiência visual é caracterizada por cegueira (visão subnormal) ou visão reduzida. A diminuição da resposta visual pode ser leve, moderada, severa, profunda (que compõem o grupo de visão subnormal ou baixa visão) e ausência total da resposta visual (cegueira).

O individuo cego é aquele que apresenta acuidade visual menor que 0,1 com a melhor correção ou campo visual abaixo de 20 graus; como visão reduzida possui acuidade visual entre 20 e 50 graus, a visão não pode ser corrigida por tratamento cirúrgico ou clinico – óculos convencionais. Carvalho, M.L.B. - Visão subnormal: orientações ao professor do ensino regular, 1994.

De acordo com dados obtidos pela Organização Mundial da Saúde, estima-se que no Brasil existam mais de 750 mil pessoas com deficiência visual, neste número incluem-se portadores de:

Cegueira (ausência total de visão e luminosidade): definida como falta do sentido da visão, podendo ser total ou parcial. Existem vários tipos de cegueira e seu diagnóstico depende do grau e tipo de perda de visão, como visão reduzida, cegueira parcial (de um olho) ou daltonismo. Classifica-se dependendo do dano que impede a visão, podendo ser: nas estruturas transparentes do olho, na retina, no nervo óptico ou mesmo no cérebro. Pode afetar desde o bebê até a pessoa adulta, ocorrendo por diversos motivos:

- Pode ser congênita ou adquirida;
- Questões hereditárias - incompatibilidade sanguínea;
- Doenças infecciosas: sífilis, toxoplasmose, herpes vaginal, glaucoma, diabetes, rubéola, tumores, entre outros;

- Ferimentos;
- Envenenamento;
- Problemas durante o parto;
- Prematuridade e acidentes traumáticos, entre outros acometimentos.
- Apesar de não enxergar, o individuo tem a chance de poder vir a ler e a escrever.

A escrita ou a leitura são motivadas com o auxilio do sistema em Braille.

Visão Parcial: têm limitações da visão à distância, mas são capazes de ver objetos e materiais quando estão a poucos centímetros ou no máximo a meio metro de distância.

Baixa Visão ou Visão Subnormal (condição de visão que vai desde a capacidade de indicar projeção de luz até a redução da acuidade visual, grau que exige atendimento especializado): é considerado portador de baixa visão aquele que apresenta a capacidade de perceber luz, até o grau em que a deficiência visual limita seu desempenho, que podem ter seu problema corrigido por cirurgias ou pela utilização de lentes.

Segundo a OMS (Bangkok, 1992), o indivíduo com baixa visão ou visão subnormal é aquele que apresenta diminuição das suas respostas visuais, mesmo após tratamento e/ ou correção óptica convencional, e uma acuidade visual menor que 6/ 18 à percepção de luz, ou um campo visual menor que 10 graus do seu ponto de fixação, mas que usa ou é potencialmente capaz de usar a visão para o planejamento e/ ou execução de uma tarefa.

Tanto a cegueira quanto à baixa visão pode afetar pessoas em qualquer idade, sexo ou religião. Bebês podem nascer sem visão e outras pessoas podem vir a tornarem-se deficientes visuais em qualquer fase da vida.

É possível perceber nos bebês a cegueira quando deixa de:

- Responder a estímulos;
- Acompanhar objetos e pessoas;
- Procurar fonte de luz, entre outros.

Já na infância essa percepção se difere por falta de:

- Expressões faciais;
- Tropeços;
- Dificuldade para perceber os objetos;
- Dificuldade em ler;
- Omissão de letras, pular linhas;
- Elegibilidade da escrita, entre outros.

A perda da visão pode ocorrer após uma doença súbita, um acidente, onde gradativamente, neste caso, a pessoa atingida demora a tomar consciência do que está acontecendo.

A deficiência visual interfere nas habilidades e nas capacidades, não afetando somente a vida de quem perdeu a visão, mas da família, amigos, colegas entre outros. Entretanto, com tratamento, atendimento educacional adequado, programas e serviços especializados ao deficiente, este tipo de acuidade não ameaçará a vida plena e produtiva do individuo.

O Deficiente Visual e o Acesso à Escola

Todo aluno, independente das diferenças na aprendizagem, tem direito à educação, garantido pela Constituição Federal Brasileira no Art.208, inciso III. Na lei nº 9394 de 20 de dezembro de 1996, se define a educação como dever da família e do Estado, inspirada nos princípios de verdade e nos ideais de solidariedade humana, visando o desenvolvimento do aluno, seu preparo para o exercício da cidadania e sua qualificação para o trabalho. Nesta mesma lei está incluído o direito dos portadores de necessidades educativas especiais a uma educação gratuita e de boa qualidade.

Os portadores de deficiência, durante a história, sempre foram julgados como incapazes à sociedade; isso só foi se modificando a medida que filósofos, antropólogos e educadores foram fomentando os direitos humanos à igualdade. É um engano acreditar que tudo o que foi citado acima ocorre para todo o deficiente visual, mas sabemos que já é um grande caminho percorrido.

Há um número considerável de deficientes visuais considerável. É dever do Estado, preparar a escola para receber e incluir este aluno, o que na realidade ocorre muito esporadicamente devido à falta ou dificuldade da instituição em se adaptar à realidade do deficiente visual.

Quanto maior o nível de escolaridade, maiores serão as barreiras encontradas pelos deficientes visuais, indo desde a impossibilidade de acesso à leitura, até a falta de capacitação de professores e o apoio de voluntariado disposto a trabalhar com este público.

Acredita-se na educação como promoção para o desenvolvimento intelectual e social do aluno tornando-se indispensável à vida de qualquer cidadão, seja ele deficiente ou não.

Softwares de acessibilidade aos Deficientes Visuais

O respeito à diferença de cada sujeito constitui-se em um ponto chave para o que chamamos de inclusão. A informática tem sido grande aliada dessas diferenças, atravessando barreiras e quebrando obstáculos.

A informática abre novos horizontes, amenizando a discriminação social, provando a capacidade destas pessoas que apesar de apresentarem necessidade especial, possuem um grande potencial.

As oportunidades oferecidas começam a romper com a lógica racionalista excludente por ser uma valiosa ferramenta no processo de aprendizagem, busca e processamento de informações - "proporciona ao sujeito a oportunidade de desenvolverem atividades interessantes, desafiantes e que tenham propósitos educacionais e de diagnósticos. Estas atividades podem oferecer a eles a chance de adquirir conhecimento e sobrepujar suas deficiências intelectuais".

A importância dos ambientes digitais no que tange a deficiência visual é inquestionável. Uma pessoa cega tem limitações que podem ser eliminadas através de educação adaptada à realidade e ao uso da tecnologia para diminuir barreiras.

Acessibilidade é um termo genérico utilizado freqüentemente para descrever o entendimento em realizar determinadas atividades por pessoas com deficiências, seja ela motora, sensorial ou cognitiva.

Como provedores de acessibilidade podemos citar:

Braille: sistema criado em 1829 pelo francês "Louis Braille" - é um sistema de escrita através de pontos em relevo, provendo ao deficiente visual acessibilidade na leitura e na escrita de textos;

Acessibilidade através da interação com o computador, conhecida também como tecnologia assistidas, possibilitando maior acesso à informação, independência e a possibilidade de realizar tarefas de modo autônomo. A acessibilidade ocorre através de algumas variáveis:

- Usuário (indivíduo que utiliza o computador conforme a capacidade sensorial e funcional);
- Situação (independente do software, o sistema deve ser acessível);
- Ambiente digital (deve garantir acessibilidade ao deficiente visual).

O software de acessibilidades aos ambientes digitais para deficientes visuais utiliza basicamente ampliadores de telas para aqueles que possuem perda parcial da visão, e recursos de áudio, teclado e impressora em Braille para os sujeitos não videntes.

Segundo BORGES (1996) "O microcomputador [...] amplia até um limite inimaginável as oportunidades do cego".

Portanto, o uso do computador beneficia o desenvolvimento como um todo dos portadores de necessidades especiais, facilitando a aquisição de conhecimentos com recursos de leitura, escrita, entre outros e a independência com o acesso integral a conteúdos em formato digital, que somente era possível com a transcrição para o sistema Braille ou o auxilio de indivíduos com visão normal que se dispõe a ler para os indivíduos com deficiência visual – "ledor".

Dentre os sistemas operacionais proprietários - funcionais e eficientes mais utilizados como leitores de tela em nosso país temos: DOSVOX, VIRTUAL VISION E JAWS. Proprietário, pois há a necessidade de licença para seu uso, são softwares que visam a comercialização.

Com estes softwares, além do deficiente visual poder editar textos - ler e escrever no computador poderá navegar na internet para se comunicar com um mundo novo de informações, gerenciar cartas eletrônicas (e-mails), gerenciar arquivos, executar músicas, exibir vídeos, instalar novos aplicativos.

DOSVOX

Sistema para computadores da linha PC, que se comunica através da síntese de voz em múltiplas línguas.

A comunicação homem-máquina é feita de maneira bem simples, levando em consideração as especificidades e limitações desse usuário.

O sistema originalmente foi desenvolvido em 1993 e distribuído livremente pelo Núcleo de Computação Eletrônica da Universidade Federal do Rio de Janeiro e é o primeiro sistema a sintetizar vocalmente textos na língua portuguesa, software de baixa complexidade, adequado à nossa realidade. Compatível com a maioria dos sintetizadores de voz, pelo uso da interface padronizada SAPI do Windows, sendo assim o usuário poderá optar pela compra de um sintetizador mais moderno e mais próximo a voz humana e integrar ao DOSVOX.

Como requisito mínimo é exigido: sistema operacional Windows, processador de velocidade igual ou superior a 133MHz.

O diálogo homem máquina é feito de forma simples, pois o sistema lê e digitaliza o som em português. Parte das mensagens sonoras emitidas são feitas em voz humana gravada, utilizando padrões internacionais de computação, podendo ler e ser lido dados e textos gerados por programas e sistemas de uso comum em informática.

É um software simples e gratuito para usuários iniciantes de fácil instalação, bastando apenas baixá-lo pela internet no site http://intervox.nce.ufrj.br/dosvox/, e ser instalado desde computadores que executam o Microsoft Windows 95 ou superior, e com plataformas mínimas – Pentium 133 ou equivalente, possibilitando também a execução em máquinas a partir do 486. São características:

- Contém elementos de interface sonora com o usuário;
- Sistema de Síntese de fala e voz para língua portuguesa através da interface SAPI e outras línguas;
- Editor, Leitor e Impressor/Formatador de Textos;
- Impressor Formatador para Braille;
- Softwares aplicativos como agenda, calculadora, relógio, preenchedor de cheques, entre outros;
- Jogos de Caráter Lúdico;
- Programa para ajuda à educação de crianças deficientes visuais;
- Ampliador de tela para pessoas com visão reduzida e leitor de Telas/janelas para Dos e Windows;

- Alguns programas sonoros para acesso aos serviços da Internet, como e-mail, acesso a sites, telnet, etc;
- Alto nível de interação, baseado em uma interface especializada;

Possui grande aceitação ao público brasileiro por ser o primeiro programa cuja síntese de voz foi desenvolvida no idioma português.

Seu funcionamento consiste em:

- Inicialização: configurado para iniciar automaticamente ou não com o sistema operacional;
- Ajuda: através da tecla F1 o usuário poderá solicitar ajuda sempre que necessário;
- Aplicativos: podem ser ativados pelas teclas de atalho ou pelo menu interativo.
- Digitação: segue o padrão dos leitores de telas, é acionado pela tecla E;
- Encerramento: o encerramento e o cancelamento de qualquer operação, bem como a finalização do programa faz-se com o uso da tecla "Escape".

Dentre as limitações do DOSVOX, podemos citar o acesso à internet, que tem algumas restrições já que a maioria das páginas apresenta figuras, gráficos e frames tornando difícil para o deficiente visual compreender o que está sendo mostrado na tela. Através do teclado o usuário consegue manipular quase todos os comandos, o que possibilita a execução de tarefas comuns ou não, portanto é necessário que os deficientes visuais tenham uma boa desenvoltura com as teclas do teclado para que a interação com o software seja mais eficiente e rápida. A interface do DOSVOX é muito agradável e amigável, combinando estilos clássicos de seleção de menus, considerando a alta velocidade de aprendizado, seu uso corrente permite a redução de erros de operação e a rápida assimilação com os comandos e interface.

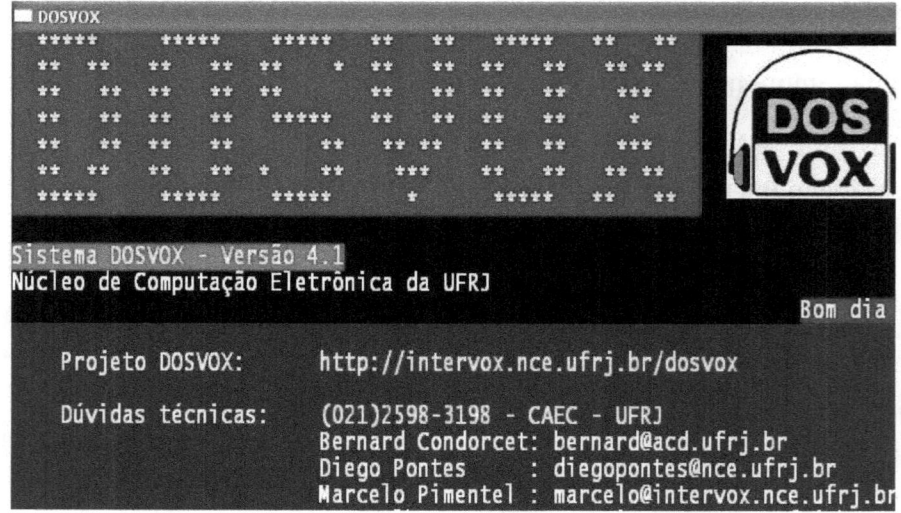

Interface do DOSVOX

VIRTUAL VISION

Desenvolvido e comercializado pela empresa Micro Power em 1998, como uma solução definitiva e autônoma aos deficientes visuais, é exigido como requisito mínimo para o funcionamento o sistema operacional Windows, processador de velocidade igual ou superior a 300MHz, 30MB de espaço livre em disco rígido e 64MB de memória RAM.

Utiliza sintetizador de alta qualidade da língua portuguesa, chamado DeltaTalk, e que também foi desenvolvido pela Micro Power. Totalmente adaptado para o uso do sistema operacional Windows e seus aplicativos, não requer sintetizador de voz externo, é uma solução, portanto, para o uso com autonomia do sistema operativo Windows, o Office, o Internet Explorer entre outros aplicativos, através da leitura dos menus e telas com o auxilio do sintetizador de voz.

O texto pode ser pronunciado de várias formas, letra por letra, palavra por palavra, frase por frase e é o usuário que determina sua preferência.

No quesito navegação com a Internet, o software diz ao usuário qual o site que está abrindo e o endereço da página, quando há a necessidade de ler o conteúdo, basta acionar um comando para o computador ler o texto. O acesso aos conteúdos presentes na Internet se faz através de leituras de páginas inteiras.

São características do Virtual Vision:

- Maior facilidade na navegação de páginas na Web no Internet Explorer;
- Permite leitura de textos de forma contínua e com posicionamento automático do cursor na última palavra falada em caso de interrupção da leitura;
- Capacidade de mapeamento e adaptação a aplicativos que não oferecem acessibilidade a leitores de tela, utilizando sistemas de mapas de posicionamento e até reconhecimento de gráficos que podem ser configurados pelo usuário;
- O grau de detalhamento de informações pode ser mudado pelo usuário, mas está apto para oferecer o máximo de detalhes possíveis;
- O sistema de mapeamento não requer conhecimento de programação, podendo ser utilizado por qualquer usuário;
- Multi-idiomas: fala em português e inglês com vozes masculinas;
- Controle de voz distinto para leitura de objetos da tela e texto que permite a seleção de vozes diferentes;
- Congelamento e navegação através do texto falado;

- Permite a configuração de diferentes variações de voz para identificação da formatação e capitalização de textos;
- Sistema de dicionário flexível, dispensando o uso de transcrições fonéticas e permitindo a inserção de expressões.

JAWS

Desenvolvido e comercializado pela empresa "Freedom Scientific, o Jaws (Job Access With Speech) para Windows exige como requisito mínimo para seu funcionamento o sistema operacional Windows, um processador com velocidade igual ou superior a 300MHz, disco rígido com espaço de 200MB e 128MB de memória RAM.

Funciona como um leitor de telas, identifica e interpreta informações, que estão sendo exibidas no monitor e repassa seu contexto ao deficiente visual por meio de síntese de voz.

Considerado mais popular do mundo, que permite facilmente o acesso ao computador de pessoas deficientes visuais. Qualquer usuário cego ou de baixa visão pode trabalhar normalmente no computador utilizando teclas de atalho.

Pode ser executado em diversos idiomas, inclusive em português. O programa tem a capacidade de ler certos recursos de páginas de internet que outros programas do gênero não têm.

As principais características do JAWS são:

- Facilidade na instalação e apoio por voz durante o processo;
- São atualizadas duas vezes por ano;

- Faz indicações das janelas ativadas, do tipo de controle e suas características;
- Permite trabalhar com correio eletrônico e navegar na Internet, como se estivesse em um processador de texto;
- Viabiliza o acesso integral softwares aplicativos: Outlook, Word, Excel, Internet Explorer, Windows Explorer, etc;
- Permite o controle do mouse através do teclado númerico;
- Possui dicionário, que permite controlar a maneira como as palavras ou expressões são pronunciadas;
- Compatibilidade com programas de leitura de DVD;
- Permissão para usuários criarem regras customizadas para controlar o tipo de informação e a quantidade que é repassada pelos softwares aplicativos.

Funcionamento:

- Inicialização: é automaticamente inicializado com o sistema operacional;
- Menu "Iniciar": todas as funções são feitas via uso do teclado, através de teclas de atalho (seqüência de combinação de teclas);
- Sub-Menus: ativado pelas teclas "para baixo" e "para cima";

- Aplicativos: é ativada pela tecla enter, quando o cursor estiver posicionado sobre o mesmo;
- Barra de Menus: ativada através da tecla "ALT";
- Digitação: as teclas são pronunciadas uma a uma e após pressionar a barra de espaço toda a palavra é pronunciada.

Desta maneira o deficiente visual com este software poderá realizar muitas atividades cotidianas em referencia a usuários com visual normal.

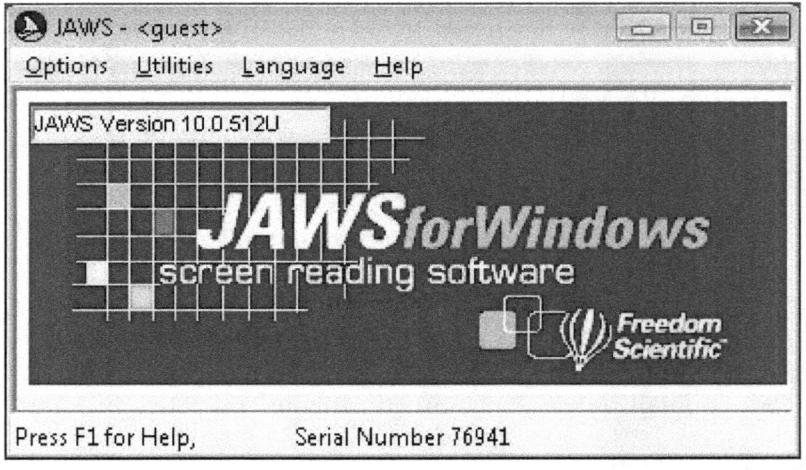

Interface do JAWS

WinBraille

Desenvolvido pela empresa Index Braille, acompanha todos os modelos de impressoras em Braille lançadas por esta empresa. Tem com funcionabilidade um trascritor de texto do formato escrito (caracteres) para o sistema Braille, possibilitando que qualquer informação disponível por meio digital seja transgredida para o Braille, ou de forma inversa com o auxilio de uma mesa digitalizadora, documentos em Braille podem ser trascritos para o formato de texto escrito e armazenados por meio eletrônico.

BR Braille

Desenvolvido e distribuído gratuitamente pela Faculdade de Engenharia Elétrica e de Computação da UNICAMP.

Programa que transcreve textos em caracteres Braille para a língua portuguesa com o auxilio de uma mesa digitalizadora, facilitando a inclusão dos alunos na sala de aula e que professores possam corrigir as atividades elaboradas por alunos com deficiência visual.

Braille Creator

Software que permite criar textos em Braille no computador com vários recursos e é compatível com as principais impressoras Braille no mercado. A impressora Braille possui o mesmo conceito das impressoras comuns, onde são ligadas ao computador nas pontas paralelas e seriais. Estas impressoras possuem pequeno, médio e grande porte, algumas imprimem desenho ou caracteres em Braille.

Braille fácil

Desenvolvido e distribuído livremente pelo NCE da UFRJ. Programa que permite importar textos ou digitar diretamente em um editor de textos tradicionais, enviados posteriormente para uma impressora Braille. Além de funcionar como transcritor para o sistema Braille incorpora um simples editor gráfico que transcreve figuras em formato digital para figuras em alto relevo.

Dolphin

Esse software inclui um ampliador de tela para pessoas com visão subnormal e um leitor de tela para cegos.

Openbook

É um dos softwares lideres de leitura OCR (reconhecimento óptico de caracteres) desenvolvido para os portadores de deficiências visuais.

Pocket Voice

Desenvolvido por Carla Vieira Faria e Pedro Ivo Faria. Permite a reprodução sonórica, é uma aplicação que faz o uso da linguagem pictórica, simbólica e do simples texto, distribuído gratuitamente.

Slimware Window Bridge

Primeiro programa de leitura de telas e recebeu um prêmio internacional em 1996 como uma contribuição importante para o desenvolvimento tecnológico. Fabricado pela Syntha-voice Computer Inc.

Tecla Fácil

Permite o treinamento de técnicas de digitação de forma autônoma, através do uso do teclado alfanumérico e numérico do computador.

Teclado falado

É possível fazer a digitação com um sintetizador de voz.

WAT - IBM Web Adaptation Technology

Configurado conforme a necessidade do usuário é um navegador para pessoas com baixa visão.

Windows-Eyes

Programa de leitura de telas com recursos importantes para o acesso a internet.

Multiplano Cartesiano

Software de Matemática para Portadores de Necessidades Especiais.

Impressora Braille Blazer

Impressora compacta com sintetizador de voz em português.

SmartView

Sistema de ampliação de imagens de computador para pessoas de baixa visão.

NVDA

Leitor de telas gratuito e de código aberto para Windows.

Orca

Leitor de telas gratuito e de código aberto que vem instalado gratuitamente no sistema operativo UBUNTU Linux.

IBM Via Voice

Controla o computador por acionamento da voz.

ZoomText

Software desenvolvido e comercializado pela empresa "Ai Squared", originalmente lançado em 1988 para o sistema Microsoft DOS. Exigido como requisito mínimo de instalação o sistema operacional Windows, processador de velocidade igual ou superior a 450MHz, 60MB de espaço livre em disco rígido e 256MB de memória RAM.

Gnopernicus

Semelhante ao software Jaws, desenvolvido e distribuído pela empresa Baum Engineering SRL, primeiro e único leitor de tela para sistemas operacionais livres em inglês, desenvolvido originalmente para o sistema operacional Linux, funcionando em outras plataformas semelhantes como Unix, FreeBSD e Solaris, cuja interface gráfica seja gerenciada pelo Gnome.

Para utilização desta tecnologia é necessário como requisito mínimo: processador com velocidade mínima de 500MHz, 128MB de memória RAM e 800MB de disco rígido.

Semelhante ao Jaws, funciona como um leitor de telas, diferenciando pela disponibilidade para ampliação de imagens da tela do monitor, proporcionando melhor acessibilidade a usuários com visão subnormal.

Seu funcionamento é controlado basicamente pelo mouse, operando com uma espécie de lupa eletrônica, há também a opção de ajustes de cores, minimizando consideravelmente o esforço visual de usuários com visão subnormal.

Emacspeak

Desenvolvido pelo pesquisador TV Raman em 1996 e distribuído e livremente sob licença da GPL (General Public Licence).

Primeiro software que possibilitou aos deficientes visuais a utilização de um sistema operacional livre, que teve melhor aceitação e utilização a nível mundial pelos níveis de estabilidade apresentados.

Trabalha em conjunto com outras aplicações, e é semelhante a um leitor de telas, a interação se torna mais eficiente, pois tudo que é exibido na tela é pronunciado ao usuário, reduzindo a incidência de erros na interpretação das teclas.

Como requisito para funcionamento é necessário o ambiente Emacs (ambiente de trabalho integrado capaz de executar rapidamente uma infinidade de aplicativos, com os quais é possível realizar qualquer tipo de atividade no computador). Não está disponível no idioma português e como requisito mínimo para seu funcionamento é recomendado um processador 100MHz, disco rígido de 100MB, 16MB de memória RAM e estar executando o ambiente Emacs e o Emackspeak.

TGD Pro

Desenvolvido e comercializado pela empresa Duxbury Systems, auxiliado por uma impressora em Braille, é capaz de converter figuras do formato digital para figuras de alto relevo.

Goodfeel

Desenvolvido e comercializado pela empresa Dancing Dots, com o auxilio de uma mesa digitalizadora, partituras musicais podem ser trascritas para o sistema Braille musical. Este processo engloba a execução de aplicativos como: SharpEye – responsável pela conversão das partituras no formato MIDI, o Line responsável pelas correções de possíveis falhas e o Goodfell.

Braille Music Editor

Software mais completo de escrita musical, desenvolvido e comercializado pela empresa Dodiesis, tecnologia que permite que a música seja editada diretamente pelo teclado em sistema Braille musical.

Conclusão

Este trabalho teve como objetivo divulgar e caracterizar a realidade encontramos no âmbito educacional, trabalhar de forma conjunta com os recursos tecnológicos o que permite que a aprendizagem seja mais prazerosa e eficiente.

Foi visto que a escrita e a leitura são funções cognitivas importantes que envolvem o processamento de informações, de um determinado sistema simbólico, e quando adquirido, o individuo pode assimilar as regras que governam e organizam o próprio sistema; vai perceber o significado ou denotação dos símbolos e a relação entre eles; o uso e a função dos significados através da representação da realidade.

O professor faz o papel de mediador e é fundamental para este processo, pois é ele que gerencia a melhor estratégia de aprendizagem de acordo com as peculiaridades dos seus alunos, sendo estes portadores de alguma deficiência ou não.

As deficiências encontradas em indivíduos distintos não privilegiam classe social, etnia ou grupo cultural, no entanto precisa ser diagnostica e tratada de forma correta, por multiprofissionais, além disso, a escola, a família, a sociedade deve fazer seu papel, adequando e preparando estes indivíduos para conviverem com as diferenças, valorizando suas potencialidades e possibilidades.

Desta forma, trabalhar com as possibilidades de um sujeito é dar a oportunidade de perceber o mundo através de seus canais receptivos e expressivos; é favorecer o desenvolvimento das suas aptidões e do conhecimento de si mesmo e dos outros, ampliando sua capacidade.

A tecnologia computacional tornou possível o rompimento de várias barreiras, pois o aluno aprende a lidar melhor e mais rápido com o computador, e se tiver propostas interessantes e um orientador eficiente a aprendizagem acontece, além disso, os softwares especializados têm demonstrado a preocupação de proporcionar não só informações, mas também o interesse de incluir os indivíduos digitalmente na sociedade, dando igualdades de condições.

Ao inserir a informática na educação, há o estimulo ao desenvolvimento das habilidades cognitivas e emocionais, além da valorização de um novo canal de informação e comunicação, deve ser um ato consciente, não movido por modismo ou pelo fascínio que exerce sobre o sujeito, e sim como um instrumento facilitador da aprendizagem e construção do conhecimento e do desenvolvimento como pessoa.

Referência

Ambientes digitais virtuais: Acessibilidade aos deficientes visuais. Disponível em: <http://www.centrorefeducacional.com.br/progdefi.htm> Acesso em: 20 out. 2009.

BORGES, J.A. Dos Vox: Uma nova realidade educacional para Deficientes Visuais. Disponível em:

<http://www.intervox.nce.ufrj.br/dosvox/textos/artfoz.doc>. Acesso em: 20 out. 2009.

Como os Deficientes Visuais podem Aprender a Trabalhar com a Informática? Disponível em: < http://www.senai.br/psai/vision_08.asp>. Acesso em: 20 out. 2009.

DEFICIÊNCIA VISUAL, além disso nós entendemos bem. Disponível em: <http://www.jornalismo.ufsc.br/acic/visual/visual.htm>. Acesso em 31 out. 2009.

DOW E SENAI lançam segunda edição de manual de informática para deficientes visuais. Disponível em: <http://www.fieb.org.br/sistema/notícias/noticias_detalhes.asp?id=1424>. Acesso em 03 nov. 2009.

Fique sabendo como pessoas de baixa visão ou de total cegueira trabalham com o computador. Disponível em: <http://www.julianoms.hpg.ig.com.br/cegoinf.htm >. Acesso em 03 nov. 2009.

FUNDAÇÃO DORINA NOWIL PARA CEGOS. Deficiência Visual. Disponível em: <http://www.fundacaodorina.org.br/fundacao/deficiencia.asp>. Acesso em 13 nov.2009.

JORNAL O POVO. Micros e pessoas deficientes: lazer, interação e capacitação. Disponível em: <http://www.sac.org.br/PO980518.htm>. Acesso em 16 nov.2009.

LERPARAVER. Deficiência: Sugestões para quando você encontrar uma pessoa com deficiência. Disponível em: < http://www.lerparaver. com/ajudadeficientes.html>. Acesso em 18 nov. 2009.

LÍRIO, S.B. A tecnologia informática como auxílio no ensino de geometria para deficientes visuais. 2006.129. Dissertação mestrado em Geociências e Ciências Exatas. Universidade Estadual Paulista. Rio Claro, 2006.

MENEZES, D. Tecnologia ao Alcance de Todos. Nova Escola. São Paulo: p.30-37, Set.2006, n.195, ano21.

MICROPOWER. Acessibilidade para Deficientes Visuais. Disponível em: <http://www.micropower.com.br/v3/pt/acessibilidade/dicas.asp>. Acesso em 20 nov. 2009.

NETO, A.S.F. Mudanças Curriculares Históricas: (IN) Formação de deficientes visuais como usuários de tecnologias digitais de informação e comunicação. Disponível em: <http://www.cinform.ufba.br/v_anais/artigos /alberico.htm>. Acesso em 23 nov 2009.

Novas Tecnologias: Sistema Braille. Disponível em: <http://www.lerparaver.com/ver/novas_tecnologias.htm>. Acesso em 25 nov. 2009.

SERPRO GOVERNO. Softwares para deficientes visuais. Disponível em: <http://www.serpro.gov.br/noticiasSERPRO/20050606_05>. Acesso em 26 nov. 2009.

SOUZA, Deficiência em Ação. Revista do Brasil. São Paulo: p.30-33, set.2006, n.5.

Virtual Vision. Disponível em: <http://inventabrasilnet.t5.com.br/virtvis.htm>. Acesso em 26 nov. 2009.

Damy Sérgio. In BRASIL. Secretaria de Educação Fundamental. Parâmetros curriculares nacionais: terceiro e quarto ciclos do ensino fundamental. Brasília. MEC/SEF, 1998, p. 146-154.

Reabilitação lúdica, 15/4/2009, Por Thiago Romero, Agência FAPESP. Disponível em: <http://www.agencia.fapesp.br:80/materia/10365/especiais/ reabilitacao- ludica.htm>. Acesso em 20 de julho de 2011.

USP Legal. O deficiente visual tem várias ferramentas que podem auxiliar no seu dia-a dia, nos estudos e no lazer. Disponível em: < http://saci.org.br/?modulo=akemi&parametro=6576>. Acesso em 17 de out. de 2011.

www.ingramcontent.com/pod-product-compliance
Lightning Source LLC
Chambersburg PA
CBHW060537030426
42337CB00021B/4305